HEYNE BÜCHER

SACHBUCH

Peter Scholl-Latour
Josef Kaufmann

Sieben Gesichter CHINAS

WILHELM HEYNE VERLAG
MÜNCHEN

HEYNE SACHBUCH
Nr. 19/69

Genehmigte und ungekürzte Taschenbuchausgabe
Wilhelm Heyne Verlag GmbH & Co. KG, München

Printed in Germany 1990
Umschlagfotos: Josef Kaufmann
Umschlaggestaltung: Atelier Adolf Bachmann, Reischach
Druck und Verarbeitung: RMO, München

ISBN 3-453-03739-1

INHALT

7 GESICHTER CHINAS

China hat tausend Gesichter. Wenn wir in diesem Band sieben davon aufblättern, so begnügen wir uns bewußt mit ein paar Impressionen. Das Reich der Mitte, von dem Charles de Gaulle einmal sagte, es sei älter als die Geschichte, läßt sich mit den Normen westlicher Rationalität keineswegs erfassen oder gar analysieren. Die chinesische Kultur zeichnet sich dadurch aus, daß sie dem Abendland nichts schuldet, daß sie in sich selber ruht, daß sie ihr eigener Maßstab ist. Man hat im Hinblick auf dieses gewaltige Land kontinentalen Ausmaßes von »vielfältiger Herrlichkeit« gesprochen. Das Wort vom vielfältigen Elend wäre natürlich ebenso angebracht. Nicht von ungefähr hat der französische Schriftsteller André Malraux bei seiner Suche nach einem monumentalen Fresko menschlicher Auflehnung und menschlichen Duldens seine »Conditio humana« in China angesiedelt.

Am Anfang steht die Landschaft, der Boden, die Erde, »Die gute Erde«, wie die amerikanische Missionarstochter Pearl S. Buck schrieb, deren Bücher im Zuge einer neuentdeckten und unverhofften Affinität zwischen Washington und Peking vielleicht zu neuen Ehren kommen werden. Die Volksrepublik China, die sich in einer nachmaoistischen Phase des Pendelns, des Suchens, des Experimentierens befindet, ist sich zutiefst bewußt, daß das Schicksal ihrer Milliarde Menschen von den Erfolgen der Agrarwirtschaft abhängig ist. Mao Tsetung hatte – im Widerspruch zur russischen These der Weltrevolution, der zufolge die Arbeiterschaft die Vorhut des kämpferischen Proletariats sein müsse – den chinesischen Bauern die Bürde und den Ruhm des gesellschaftlichen, des sozialistischen Umbruchs zugewiesen. Seine Nachfolger, die sich nur mühsam aus dem Schatten des Titanen lösen, haben bei ihrem Programm der »vier Modernisierungen« instinktiv und zwangsläufig der Modernisierung der Landwirtschaft die absolute Priorität eingeräumt. Deshalb haben wir das Thema Ackerbau – gewissermaßen als erstes Gesicht Chinas – als Einleitung dieses Bildbandes gewählt, und als Demonstrationsobjekt haben wir vornehmlich jene Provinz Szechuan ausgesucht – im Herzen des Reiches der Mitte gelegen –, die auf die Nutzung noch der letzten Parzelle angewiesen ist, um ihre überquellende Bevölkerung von hundert Millionen Menschen zu ernähren.

Die Beherrschung des Wassers, die Bändigung der Ströme und die kunstvolle Irrigation stehen am Anfang der chinesischen Geschichte, des chinesischen Ackerbaus und einer von der Natur erzwungenen Kollektivdisziplin, die sich bereits Jahrtausende vor Mao Tsetung entwickelte. Die zentrale Reis-Ebene rings um die Provinzhauptstadt Chengdu in Szechuan lebt von den mühselig kanalisierten Fluten des Min Jiang-Flusses. Hier ist unter dem Schlagwort der Modernisierung in den letzten Jahren der konsequenteste Versuch unternommen worden, durch Leistungsanreize, Prämien, Stimulierung der Eigeninitiative eine fühlbare Steigerung der Agrarerträge zu erzielen. Das System der Volkskommunen, das Mao Tsetung hinterlassen hatte, sollte aufgelockert und dynamisiert werden. Der Anteil der Privatparzellen an der gesamten bebauten Fläche ist in der Umgebung von Chengdu von sieben auf zwölf Prozent erhöht worden. Der unermüdliche Fleiß des chinesischen Bauern bei der intensivsten Nutzung dieser winzigen Felder, die an unsere Schrebergärten erinnern, hat immerhin zu einer spürbaren Verbesserung der Versorgungslage der Städte – dank des Systems der freien Märkte zumal – und zu einer Anhebung des Lebensstandards der Agrarbevölkerung geführt. Man hüte sich jedoch vor Verallgemeinerungen. Der fruchtbare Schlamm der Gegend rund um Chengdu bietet eine unendlich günstigere Ausgangschance als etwa jene kargen und kahlen Höhen, die diese Reis-Ebene im Norden und Westen abgrenzen und bereits zu den unwirtlichen Vorgebirgen Tibets überleiten.

Eine zusätzliche Erweiterung der Privatparzellen wird übrigens in Szechuan wohlweislich nicht angestrebt. Infolge der erdrückenden Bevölkerung käme es dann unweigerlich zu einer fatalen Zersplitterung der Landwirtschaft. Eine generelle Rückkehr zum privaten Bodenbesitz würde andererseits entscheidende und positive Errungenschaften des Maoismus in Frage stellen. Die freie Wahl gewisser Produktionsbrigaden bei der Auswahl ihres Saatguts hat bereits zu Versorgungsengpässen im Getreidebereich, ja in vernachlässigten Provinzen zu Hungersnöten geführt. Bei einer konsequenten Liberalisierung würde sich die Mehrzahl der Kommunebauern schnell wieder in armselige Pächter und Tagelöhner verwandeln, die durch den Wucherzins und die Ausbeutung der kleinen und großen Landlords in extreme Armut und Abhängigkeit zurückfielen.

Die häufige Begegnung mit Arbeitern und Bauern, die schwerste Lasten ziehen und schleppen – darunter die unentbehrlichen Karren mit menschlichen Exkrementen, die der Düngung dienen –, vermittelt einen Eindruck von der äußerst schmalen Marge, die in China das Überleben der Masse abschirmt. Diese Menschen, die sich im Schweiße ihres Körpers und am Rande ihrer Kraft mühen, verfügen heute wenigstens über die Gewißheit des gefüllten Reisnapfes zu den drei Tagesmahlzeiten. Eine brüske Abwendung von den kollektiven Wirtschaftsformen des Maoismus würde sie wieder der existenziellen Unsicherheit ausliefern.

Der »zweiten Modernisierung« – dem zweiten Gesicht Chinas, wie wir es eingestandenermaßen mit einiger Willkür bezeichnen – sind wir in der großen Industriestadt von Szechuan, in Tschungking, nachgegangen, wo Tschiang-Kaischek mitsamt seiner Kuomintang-Regierung im Kampf gegen die Japaner die Hauptstadt National-Chinas etabliert hatte. Vor diesem düsteren und nebligen Dekor am Zusammenfluß der Ströme Yangtsekiang und Jialing offenbart sich der grundlegende Unterschied zwischen den chinesischen Wirtschaftsstrukturen und den ökonomischen Rentabilitäts-Rezepten des Westens. Während in den technologisch hochentwickelten Ländern die Erträge der Industrie dazu herhalten, die eigene landwirtschaftliche Produktion zu subventionieren, ruht in China weiterhin der mühselige Industrialisierungsprozeß auf den Schultern des Bauern und seiner ohnehin knappen Ernte. Der Bau neuer Fabriken muß aus landwirtschaftlichem Gewinn bestritten werden, und man kann sich vorstellen, wie knapp dabei kalkuliert werden muß. Kein Wunder, daß der kühne industrielle Voluntarismus, der nach dem Tode Mao Tsetungs und nach der stets zitierten »Zerschlagung der Viererbande« dem Reich der Mitte binnen weniger Jahre eine neue Gangart und ein modernes Antlitz verleihen sollte, auf recht bescheidene Fortschritte zurechtgestutzt werden mußte. Der Produktion von Konsumgütern haben die Pekinger Planungsbehörden eindeutig den Vorrang vor den Projekten der Schwerindustrie eingeräumt. Damit entspricht das nach-maoistische Regime dem Druck der breiten Massen, die mit Schrecken an die Entbehrungen des »großen Sprungs nach vorn« und vor allem der »Kulturrevolution« zurückdenken. Die Warenhäuser sind die beste Demonstration für den unbändigen Hunger der breiten chinesischen Bevölkerung nach mehr Ware, höherer Qualität, nach besserem Leben.

Auch in der Industrie und im Bergbau wird die Produktionssteigerung durch Prämien-Ausschüttung, Leistungsstaffelung und betriebliche Differenzierung angespornt. Jene Staats- oder Kollektiv-Unternehmen, die aufgrund einer blindwütigen Planung auf ihren unbrauchbaren oder überflüssigen Erzeugnissen sitzenbleiben, werden von Abgaben und Steuern befreit, bis sie Marktlücken entdeckt, neue Waren erzeugt und zur Rentabilität zurückgefunden haben. Immer wieder verblüfft der spektakuläre und unüberbrückbare Kontrast, wie er in altertümlicher Schwerstarbeit beim Brückenbau oder beim Ziegelbrennen einerseits, in der Spitzentechnik elektronischer und feinmechanischer Modellbetriebe andererseits zutage tritt. China wird noch lange unter diesem Widerspruch leiden. Daneben muten die Experimente der Reprivatisierung in Handwerk und Handel noch äußerst bescheiden an. In der Provinzhauptstadt Chengdu, deren Bevölkerung sich unter Einschluß der Außenbezirke auf 3,3 Millionen Menschen beläuft, gibt es 2700 sogenannte Familienbetriebe. Diese Kleinstunternehmer reparieren Fahrräder, flechten Papierkränze für die Beerdigungen, besohlen Schuhe oder bewirten in kleinen Garküchen. Es sind nur 6000 Menschen insgesamt, die in diesen Privatbetrieben beschäftigt sind. Man arbeitet meist zu zweit, Mann und Frau, Sohn und Vater oder ein Brüderpaar. Allenfalls auf jenen großen Warenbörsen, wie sie gelegentlich hochoffiziell organisiert werden, um die ministerielle Bürokratie und die unrentablen Zwischeninstanzen auszuschalten, entfaltet sich plötzlich – zwischen den Staatsbetrieben als Verkäufer einerseits, den Volkskommunen als Käufer andererseits – das händlerische Talent, die kaufmännische Urveranlagung der Chinesen und verjagt die Chimäre der maoistischen Askese. Schon spricht man von »Konkurrenz-Kommunismus« im Reich der Mitte.

Und wie steht es mit der »Demokratisierung«, dem dritten Aspekt, dem wir uns zuwenden wollen, mit der »Modernisierung des Geistes«, die in keinem Parteiprogramm ausgewiesen ist, aber von einer Reihe aufsässiger Geister nachdrücklich gefordert wird? Hier hüte man sich vor der Übertragung westlicher Kategorien auf eine zutiefst vom Konfuzianismus geprägte Welt. Es geht für die Zentralbehörden in Peking zunächst darum, das riesige Reich zusammenzuhalten, seine Milliarde Menschen recht und schlecht zu verwalten: eine Herausforderung, wie sie einmalig dasteht in der Geschichte der Menschheit, der solche Zahlenkategorien bisher unbekannt waren. Seit den grauen Vorzeiten des Mandarinats ist den Chinesen vermutlich die Begabung zur Administration wie angeboren, und heute geht es den Partei-

Kadern darum, das »rechte Maß« und die »goldene Mitte« zu wahren zwischen kommunistischer Beharrung und modernistischer Sachlichkeit. Das Schaukelspiel zwischen maoistischer Dogmentreue und pragmatischer Anpassung, sogar der Widerstreit zwischen starrer zentraler Planung und marktwirtschaftlichen Wagnissen entspricht vielleicht jenem uralten chinesischen Lebensprinzip des kreativen Gegensatzes von »Yin« und »Yang«.

Im westlichen Ausland hatte man sich für jenen Anflug von Meinungsfreiheit begeistert, der in den »Wandzeitungen« an der sogenannten »Mauer der Demokratie« nach Ausdrucksformen suchte. Dabei wurde vergessen, daß die Wandzeitungen, die »Dazi-boa«, zur Zeit der Kulturrevolution ein sehr zielstrebig gesteuertes Instrument radikalen Umsturzes und der personellen Diffamierung waren. Im nach-maoistischen Emanzipationsprozeß war die »Mauer der Demokratie« zweifellos auch nur ein Mittel zum Zweck. Sie diente der Anprangerung all jener Mißstände, die die neuen Männer um Deng Xiaoping der »Viererbande« anlasten wollten. Als diese Ventilfunktion erfüllt war, gab es auch für die aufsässigen Wandzeitungen keinen Platz mehr. Jeder Chinese wußte ja nun, daß Mao Tsetung kein Gott war, sondern ein Mensch, eine große revolutionäre Gestalt, wie die Partei in Anerkennung seiner Verdienste um China bis etwa zum »großen Sprung nach vorn« zu Recht betonte. In diese Politik des Austarierens zwischen ideologischer Treue und ökonomischem Opportunismus paßt es auch, daß die Porträts der vier Vorläufer und Propheten des Regimes – Marx und Engels, Lenin und Stalin – vom »Platz des Himmlischen Friedens« in Peking entfernt, zur gleichen Zeit jedoch in Chengdu – aus Anlaß des Nationalfeiertages – vorübergehend wieder aufgestellt wurden.

Ebensowenig wie sich die Frage nach der Einführung des Westminster-Parlamentarismus im China von heute stellt, scheint die Schaffung einer wirklich unabhängigen Justiz akut zu sein. Der Schauprozeß gegen die »Viererbande« und die Lin Biao-Clique kommt wohl in den Augen der breiten Masse, die dieses erstaunliche Spektakel im Fernsehen verfolgen konnte, der Inszenierung einer großartigen Peking-Oper gleich. Alle Elemente dieses klassischen Bühnenspiels waren im Gerichtssaal vorhanden: Der Schatten des alten, gebrechlichen Kaisers, dessen Schwäche mißbraucht wird, der Einfluß der bösen Kaiserin oder Konkubine, die Ränke und Intrigen der Mächtigen, der Mandarine, der Eunuchen, der Höflinge. Und dennoch gibt es wieder Formen der Rechtsprechung in der nach-maoistischen

Volksrepublik, die den meisten Ländern der Dritten Welt, der China irrtümlicherweise zugerechnet wird, zur Ehre gereichen würden. Wenn es darum geht, Schwarzhändler, Diebe oder andere Missetäter zu verurteilen, bemühen sich die Tribunale – zumindest in den Prozessen in Schanghai, denen wir beiwohnten – um Ausgewogenheit und maßvolle Beurteilung. Selbst der Strafvollzug scheint – soweit es sich um Routine-Delikte handelt – relativ humanisiert worden zu sein. Von Demokratisierung oder systematischer Liberalisierung zu reden, klingt indessen allzu westlich, fast töricht. China lebt gewissermaßen zwischen gestern und morgen, zwischen der Hoffnung auf Heilung von den Auswüchsen des Radikalismus und der stillen Furcht vor neuem Rückfall in den totalitären Wahn. Auch in der Vergangenheit ferner Dynastien hatte das Land widergehallt vom Wettstreit der verschiedenen philosophischen und staatstheoretischen Schulen. Die Kaiser pflegten die unbequemen Denker, die aufsässigen Dichter, die eigenwilligen Beamten des Hofes in entlegene Provinzen, etwa nach Szechuan, zu verbannen. Zu ihnen zählte zur Zeit der großen Tang-Dynastie, also in der Periode unserer Merowinger, auch der Poet Li Bai, im Westen als Li Taipo bekannt, und er schrieb Verse, die heute wieder Gültigkeit haben könnten. »Wer nach den Sternen greift«, so sagt Li Bai, »dem geht oft der Atem aus; dann legt der Vermessene seine Hände in den Schoß und seufzt.«
Von der Unsicherheit des zögernden Umbruchs ist auch das kulturelle Leben der Volksrepublik China erfaßt worden. An die Stelle der maoistischen Leitsätze, die unlängst noch mit mächtigen weißen Schriftzeichen auf blutrotem Grund jede Straßenszene beherrschten, ist die kommerzielle Werbung, die ganz ordinäre Reklame getreten. Das bedeutet freilich nicht, daß China sich Hals über Kopf einem hemmungslosen Konsumdenken verschrieben hat. Die rein chinesische Werbung von heute trägt eher den Charakter eines »Dienstes am Kunden«. Anders verhält es sich mit den japanischen Firmen, die ihre Produkte überall anpreisen. Die Japaner sichern sich Zukunftspositionen und bauen systematisch ihre langfristigen Marktchancen in einem Land unbegrenzter Bedürfnisse aus. Bemerkenswert isf heute schon die Tatsache, daß sich eine chinesische Idealvorstellung von Komfort, Lebensgenuß, ja sogar von ein wenig Eleganz ankündigt, die in krassem Gegensatz zum bisherigen Pauperismus steht. Denn bislang galt die Armut als Ausweis revolutionärer Gesinnung.

Als »anti-proletarische Kulturrevolution« wären wir versucht, diese vierte Impression in unserer locker gefügten Bildfolge zu bezeichnen.

Vielleicht ist der Höhepunkt dieser Abkehr vom entsagungsvollen proletarischen Puritanismus bereits überschritten. So bald wird keine frivole französische Modenschau mehr in Peking ihre spärlich bekleideten, extravaganten Mannequins einer staunenden grauen Masse präsentieren. Diese Vorstellung des Couturiers Pierre Cardin ging bis an den Rand der konterrevolutionären Provokation.

Auf den chinesischen Bühnen hat sich hingegen der große Wandel vollzogen. Die revolutionären Ballette, die die Mao-Witwe Jiang Qing zur Zeit ihrer kulturellen Willkür als einzigen Ausdruck chinesischer Bühnenkunst duldete, gehören einer verpönten Vergangenheit an. Die revolutionäre Besessenheit, die Jiang Qing den »Söhnen des Himmels« einzuimpfen suchte, das ewig wiederholte Thema des antifeudalistischen und anti-imperialistischen Kampfes, sehr häufig verkörpert durch eine weibliche Heldengestalt, ist zur Freude der Bevölkerung wieder durch die klassische Peking-Oper oder – auf regionaler Ebene – durch die überlieferte Szechuan-Oper verdrängt worden. In Tschungking wurde ein Schauspiel aufgeführt, eine Art »Kabale und Liebe« auf chinesisch, das die Zuschauer um zweihundert Jahre zurück in die Zeit der Mandschu-Dynastie versetzte. Es war die traurige Moritat von einem Schauspieler-Ehepaar, das durch die Begehrlichkeit und die Bosheit eines Fürsten in den Tod getrieben wird. Die Wiederbelebung der feudalen Vergangenheit erfreute sichtlich das Publikum, aber eine gültige, vorwärtsweisende Alternative zur maoistischen Bühnenpolitik bietet sie nicht. Ähnlich verhält es sich mit einer sentimentalen Ballett-Inszenierung im Städtischen Theater von Chengdu. Dort ging es um die Liebe der »Lotusblüten-Fee« zu einem tapferen tibetanischen Prinzen. Auch hier waren wir unendlich weit entfernt von den Propaganda-Klischees der Madame Jiang Qing, vom »roten Frauen-Bataillon«, vom »Azaleen-Berg«, vom »weißhaarigen Mädchen«. Hier wurde zu den Klängen eines chinesischen Franz Léhar die Rückkehr zum einfältigen Märchen und zum süßen Kitsch der Revue-Ausstattung vollzogen.

Schon beschwert sich die chinesische Jugend, daß jene aufsässigen und frechen Bühnenstücke, die die Mißstände der Gegenwart, vor allem die Korruption und die Arroganz der kommunistischen Funktionäre und Partei-Kader, kritisieren, sehr schnell wieder in den Untergrund gedrängt und aus den offiziellen Spielplänen verbannt wurden. Ungeschmälerter Zuspruch von allen Seiten bleibt lediglich der verblüffenden Kunstfertigkeit der Gaukler, Akrobaten und Artisten vorbehalten.

Die Probleme der Jugenderziehung, kombiniert mit dem Anspruch auf den Erwerb neuester wissenschaftlicher Erkenntnisse, bilden den dritten Punkt im anspruchsvollen Modernisierungs-Programm der neuen Männer von Peking. Als fünftes Kapitel reiht sich dieser Komplex in unsere summarische Betrachtung ein. In den Kindergärten sollte nach Vorschrift des »großen Steuermannes« bereits die Erziehung zu jenem neuen chinesischen Menschen beginnen, der sich durch revolutionären Elan und brüderliche Egalität auszeichnen würde. Im Fünften Kindergarten von Chengdu, wo die privilegierten Einzelkinder in der Mehrzahl sind – die Parole für die Eltern lautet: »Ihr sollt nur ein Kind haben!« –, lernen die Kleinen beim Glaskugelspiel fehlerfrei mit Stäbchen essen. Sie basteln, vermummen sich wie beim Karneval, lösen einfache Rechenaufgaben, machen sich mit den ersten Schriftzeichen vertraut und treiben Sport. Eine Tanzgruppe übt einen folkloristischen Tanz der tibetischen Minderheit, die in den Gebirgszonen von Szechuan stark vertreten ist. Seit der »Zerschlagung der Viererbande«, wie die stereotype Formel heißt, hat man in den Kindergärten endlich auf jene peinlichen Militärpossen verzichtet, wo Vierjährige in der Uniform der Volksbefreiungs-Armee mit Gewehr und Bajonett herumfuchtelten, wo der Reigen der Mädchen sich am Ende stets mit verzücktem Lächeln vor dem Porträt des großen Steuermannes Mao verneigte.

Eine Mao-Statue im Nebel und davor Studenten der Universität Tschungking bei der Morgengymnastik. Die meisten dieser jungen Leute sind die ideologische Phraseologie endgültig satt, können das Wort »Revolution« nicht mehr hören. Ihr Streben geht nach mehr intellektueller Freiheit, vor allem nach mehr Konsum- und Lebensgenuß. Wie beurteilen sie heute den großen Steuermann, der hinter ihnen den Arm zur leeren Geste ausstreckt? Sehen sie in ihm ein Abbild jenes Chin Shi Huang Di, des ersten und großen Kaisers der Chin-Dynastie, der 220 Jahre vor Christus das Reich der Mitte zum ersten Mal mit eiserner Hand zusammenfaßte und ihm seinen Namen lieh? Er war ein gewaltiger Umstürzler und Neuerer gewesen, dieser erste Chin-Kaiser. Durchaus vergleichbar mit Mao Tsetung, hatte er im Namen eines zentralistischen Absolutismus, der mit seiner Schule der Legalisten fast modern wirkte, dem damals schon etablierten Konfuzianismus den totalen Kampf angesagt. Die Schriften des Meisters Kong – Konfuzius – waren verbrannt, seine gelehrten Gefolgsleute bei lebendigem Leibe begraben worden. Aber kaum war Chin Shi Huang Di nach kurzer, zwölfjähriger Herrschaft gestorben, da triumphierte schon wieder die spröde Sittenlehre, das etwas spießige, schmalbrüstige Gesellschaftskonzept des weisen Konfuzius. Wird es Mao Tsetung und seinen revolutionären Postulaten ähnlich ergehen? In den Hörsälen, wo die dritte Modernisierung, die Modernisierung von Technik und Forschung, vorangetrieben wird, herrscht jedenfalls wieder strenge Disziplin. Der Professor, der Magister, wird hoch geachtet, ja verehrt, wie schon Konfuzius es vorgeschrieben hatte. Die Zeit der Kulturrevolution, als ein Student der mandschurischen Hochschule von Heilongjiang beim Examen ein weißes Blatt abgab und deshalb in Anerkennung seiner proletarischen Gesinnung zum Rektor befördert wurde, scheint um Lichtjahre entfernt. Aber es regt sich auch Kritik an der triumphierenden Selbstsicherheit der einst gedemütigten Lehrerschaft. Diese Studenten, die als kleine Pioniere noch das rote Buch Maos geschwenkt hatten, sind heute zu Skeptikern, ja zu Zynikern geworden. Sie ertragen es kaum, daß immer noch ein Zehntel des Unterrichts mit ideologischer Schulung vergeudet wird. Die Examen stellen wieder eine unerbittliche Auslese dar, außer vielleicht für jene privilegierten Söhne hoher Parteifunktionäre, die unabhängig vom Prüfungsergebnis die Studien- und Unterhaltsgebühren von monatlich fünfzig Jüan, das Einkommen eines Arbeiters, aufbringen können. Ein hochqualifizierter Professor kann bis zu 320 Jüan, das sind knapp vierhundert Mark, im Monat verdienen, vermutlich mehr als ein Minister, und daran stört sich wohl auch niemand in einer Studentenschaft, die nach westlichen Inspirationen sucht, die krampfhaft Englisch lernt und bemüht ist, die verlorenen zehn Jahre der Kulturrevolution wieder wettzumachen.

Mit Hilfe der Elektronik, mit selbstgebauten Computern, sucht man Anschluß an die Technik der Gegenwart, würde man am liebsten das klassische Industrie-Zeitalter überspringen und sich der Datenverarbeitung des 21. Jahrhunderts widmen. Aber die Realität ist unerbittlich. Laut hochoffiziellen Angaben gibt es in den chinesischen Städten heute zwanzig Millionen jugendliche Arbeitslose, und die tatsächliche Zahl dürfte noch höher liegen. Die Unruhen, die unlängst an einigen Provinz-Universitäten ausbrachen, sind ein Warnzeichen.

Nationale Minderheiten – unser sechstes Gesicht Chinas – machen nur sechs Prozent der Gesamtbevölkerung aus. Aber diese Nationalitäten leben in riesigen, meist wüstenähnlichen Zonen, die sechzig Prozent der Gesamtfläche der Volksrepublik einnehmen. Zudem handelt es sich überwiegend um exponierte, strategisch bedeutsame Grenzgebiete. Wir wenden uns gleich der Provinz Sinkiang zu – zweieinhalbmal so groß wie Frankreich, aber nur von dreizehn Millionen Menschen besiedelt –, der westlichen Grenzmark des Reiches der Mitte, die an Sowjetisch-Zentralasien, an Afghanistan und an Pakistan stößt.

Sinkiang wurde früher Chinesisch-Turkestan genannt. Bis zur maoistischen Revolution waren die Han, die Angehörigen des chinesischen Staatsvolkes, in diesem Raum zwischen dem Hochland von Pamir und der Wüste Gobi eine Minderheit von nur 300 000 Menschen. Der planmäßigen Siedlungs- und Sinisierungs-Politik Pekings ist es zuzuschreiben, daß die Zahl der Han-Chinesen seit der Gründung der Volksrepublik und vor allem seit den massiven Verschickungen der Kulturrevolution auf mehr als fünf Millionen Menschen hochgeschnellt ist. Dennoch bleibt Sinkiang die Heimat islamischer Turk-Völker, unter denen die Uiguren mit 5,6 Millionen Stammesangehörigen die weitaus bedeutendste Gruppe sind.

Sinkiang ist ein Land der Kontraste. Die uralte Seidenstraße, die bereits in der Antike den Fernen Osten mit dem Abendland verband, zieht sich durch trostlose Wüsten und Steppen an buddhistischen Felsenklöstern vorbei, die seit dem Siegeszug des Islam verlassen und verödet sind. Auf den Höhen des Tian Shan, des Himmelsgebirges, dessen schneebedeckten Gipfel den Horizont der Hauptstadt Urumtschi einengen, entdeckt der Reisende Landschaften, Wälder und Seen, die in die Schweiz oder in die nordamerikanischen Rocky Mountains passen würden. An den grünen Hängen weiden Kasaken ihre Schafe. Die Gesichtszüge dieses Nomadenvolkes, das den Mongolen rassisch verwandt ist, aber ein türkisches Idiom spricht, wirken fast indianisch, zumal auch die runden Filz-Jurten dieser Viehzüchter den Wigwams der Rothäute ähneln. Als die chinesischen Kommunisten Anfang der sechziger Jahre eine überstürzte Kollektivierung und Seßhaftmachung dieser eigenwilligen Rasse verfügten, sind sechzigtausend Kasaken mitsamt ihren Herden in die benachbarte Sowjetunion abgewandert, wo sie bei ihren Brüdern von Kasakstan Zuflucht fanden.

Sinkiang war zwischen 1934 und 1943 unter sowjetischen Einfluß geraten. Sollte es zu einer akuten Konfliktsituation zwischen den beiden kommunistischen Großmächten kommen, wie das anläßlich der chinesischen »Strafaktion« gegen Vietnam im Februar 1979 befürchtet wurde, dann könnte die »Autonome Region der Uiguren« zum Schauplatz kriegerischer Verwicklungen werden. Um ihren Anspruch auf diese fremdrassige Provinz zu erhärten, verweisen die chinesischen Archäologen auf jene Oasenstädte, die der mongolische und islamische Eroberer Tamerlan verwüstete, die jedoch schon unter der Han-Dynastie, also um unsere Zeitwende, und in den Tagen der Tang-Kaiser, das heißt in der Epoche unserer Merowinger, dem Reich der Mitte als Vorposten und Relais-Stationen fest einverleibt waren.

Dennoch wirkt Sinkiang alles andere als fernöstlich. Vor allem in der Oase Turfan, wo in den dreißiger Jahren der muselmanische General Ma Zhongying, das »große Pferd«, einen religiös motivierten Aufstand gegen die Kuomintang-Regierung in Nanking auslöste, erhält sich eine rein orientalische Atmosphäre, fühlen wir uns nach Persien, Afghanistan oder in die Türkei versetzt. Der Markt wird zum Basar. Die Architektur mancher Moscheen mutet sogar maghrebinisch an. Seit Ende der Kulturrevolution legen die Pekinger Behörden der islamischen Religion gegenüber größere Toleranz an den Tag. Zahlreiche Moscheen wurden wieder geöffnet, wenn auch nirgendwo koranischer Unterricht zugelassen ist. Zwar ist der Imam der Freitags-Moschee von Urumtschi, der zweifache Mekka-Pilger Abdullah Hadschi, keine Persönlichkeit, die der Botschaft des Propheten Mohammed großen Widerhall verschaffen könnte, aber in Turfan waren die Ansätze einer islamischen Renaissance nicht zu übersehen.

Im Zuge ihrer neuen Nationalitäten-Politik räumen die Pekinger Behörden ihren türkischen Minderheiten einige kulturelle Zugeständnisse ein, die über die malerischen Tanzgruppen und die Folklore durchaus hinausgehen. In den uigurischen Schulen wird auf Uigurisch unterrichtet. Zwar wurde die arabische Schrift abgeschafft, aber man hat sie doch nicht durch chinesische Ideogramme ersetzt. Die kleinen Uiguren erlernen das lateinische Alphabet wie ihre fernen türkischen Brüder in Anatolien. Der eventuell aufkeimende Nationalismus dieser Minderheiten wird in Schranken gehalten, und die islamische Selbstbehauptung, die durch die Ereignisse im nahen Afghanistan und im Iran ermutigt werden könnte, erscheint aufgrund des Zahlenverhältnisses zwischen Han-Chinesen und türkischen Moslems weit weniger problematisch als in den benachbarten Teilrepubliken der Sowjetunion.

Unter den Außenregionen der Volksrepublik übt natürlich das geheimnisvolle Hochland von Tibet die weitaus größte Faszination aus. Einundzwanzig Jahre sind vergangen, seit der Dalai Lama, das geistliche und weltliche Oberhaupt Tibets, die vierzehnte Wiedergeburt Buddhas auf dem Thron des Potala-Palastes von Lhasa, vor dem Zugriff der chinesischen Streitkräfte nach Indien entkam, und dennoch lebt er in der Erinnerung und Verehrung vieler seiner Untertanen und Gläubigen weiter. Zu Füßen des Potala, der sich im Morgendunst wie eine Gralsburg von den kahlen Gebirgshängen abhebt, sind chinesische Zweckbauten an die Stelle des alt-tibetanischen Gassengewirrs getreten. Aber im Umkreis des ältesten Heiligtums des Lamaismus, des Dschokhang-Tempels, lebt eine zeitlose Ursprünglichkeit weiter, wie wir sie nach den Härten der Kulturrevolution und den damit verbundenen Zwangsmaßnahmen zur Säkularisierung und Sinisierung nicht für möglich gehalten hätten. In der Hauptgasse der Altstadt, die ringförmig den Dschokhang umschließt und wo devote buddhistische Pilger den etwa einen Kilometer langen Rundgang durch unaufhörliches Niederwerfen Meter um Meter bewältigen, ist die Zeit stehengeblieben. Die von der Sonne fast schwarz gebrannten Gesichter der tibetischen Bergbewohner erinnern an die Indianer Boliviens oder Hoch-Perus. Vor den stattlichen Häuserfassaden aus mächtig gehauenen Steinen und den rechteckigen Fensterfronten kauern fromme Männer, oft in die rostbraune Tracht des Lamas gekleidet, und leiern in einförmigem Singsang ihre Sutren. Andere schwenken unentwegt die Gebetsmühlen. Frauen aus dem Hochland, in dicke, speckige Felle gehüllt, haben die schwarzen Haare zu öligen Zöpfen geflochten, aber um den Hals tragen sie prächtigen Schmuck aus Silber und Türkis. Die ganze exotische Szene ist eingehüllt in den Geruch ranziger Yak-Butter.

Die Chinesen, die seit 1959 eine direkte Herrschaft über Tibet ausüben und denen es nur in begrenztem Maße gelungen ist, einheimische Kräfte für die Mitarbeit in Verwaltung und Wirtschaft zu gewinnen, gestehen ihre Schwierigkeiten in diesem einzigartigen Land offen ein. Als 1966 die Kulturrevolution die Volksrepublik China heimsuchte, ist es auch in Tibet zu irreparablen Ausschreitungen gekommen. Viele Heiligtümer wurden dem Erdboden gleichgemacht und zahllose Kunstschätze vernichtet. Ein Wunder, daß der Potala und der Dschokhang-Tempel diesen Aufbruch der Bilderstürmer heil überlebten. Die Tibeter haben den neuen Pekinger Kurs und die Kampagne gegen die sogenannte »Viererbande« mit Erleichterung zur Kenntnis genommen. Seitdem haben sich die Verhältnisse in Lhasa entspannt. Die Religion darf wieder praktiziert werden, wenn auch unter den Tausenden von Lamas nur ein paar Dutzend weiterhin ihren Riten nachgehen. Die chinesischen Partei-Kader dieser Autonomen Region suchen neuerdings verstärkt und manchmal krampfhaft nach Tibetern, die zur Zusammenarbeit mit der Volksrepublik und ihrem Programm der vier Modernisierungen bereit sind. Vor allem auf dem Wirtschaftssektor hat Peking dem absurden ideologischen Zentralismus von einst entsagt. Neben einer gewissen kulturellen Autonomie werden den Tibetern jetzt auch größere Privatparzellen in den Volkskommunen und vor allem eine höhere Anzahl von Herdentieren für die eigene Nutzung zugebilligt. Der Handel hat sich intensiviert und individualisiert.

Peking demonstriert den Tibetern gegenüber seit 1980 größere Toleranz und Wohlwollen, doch am Ende dürfte die Entwicklung darauf hinauslaufen, daß hier zwischen Himalaya und Kunlun-Gebirge allenfalls ein völkerkundliches Museum erhalten bleibt. Dafür sorgt schon die Passivität, die Schicksalergebenheit, die diesem archaischen Gebirgsvolk im Zeichen des Buddhismus anerzogen wurde. Seine Heilsbemühungen scheinen mehr auf jenseitige Erlösung im Nirwana als auf politische Selbstbehauptung oder gar Auflehnung gerichtet zu sein. Dadurch erklärt sich wohl auch das geringe Interesse, das so viele Tibeter der wirtschaftlichen Erschließung, dem Straßenbau, der Industrialisierung in ihrem Land entgegenbringen. Diese Dynamik bleibt den Chinesen überlassen. Es besteht eben eine schwer überbrückbare psychologische Kluft zwischen dieser in sich selbst versenkten Gebirgsrasse, die in ihrer angestammten Dämonenwelt und Mystik weiterlebt, und jenem Staatsvolk der Han-Chinesen, denen – den Aussagen vieler Sinologen zufolge – jeder Sinn für metaphysische Spekulation abgeht.

Der Lamaismus in Tibet, der Islam in Sinkiang sind exotische Randerscheinungen des Reiches der Mitte. Selbst die rein chinesische Moslem-Gemeinschaft der Hui, die über die ganze Volksrepublik verstreut lebt, aber im Herzen der Hoang Ho-Schleife über ihre eigene Autonome Region von Ningxia verfügt, stellt nicht viel mehr als ein historisches Kuriosum dar. Ganz unberührt ist China dennoch nicht geblieben von jenen religiösen Erschütterungen, die die übrige Welt bewegten. Neben dem spröden Sitten-Kodex des Konfuzianismus, der das Reich der Mitte seit mehr als zweieinhalb Jahrtausenden zutiefst durchdringt, haben Buddhismus und Christentum um die Seele der Chinesen gerungen. Heute kann die Volksrepublik China es sich offenbar leisten, duldsamer gegenüber den Überresten dieser fremden Offenbarungslehren aufzutreten. Im buddhistischen Bao Guang-Tempel nördlich von Chengdu, im Tempel des »Heiligen Lichts«, versammeln sich ein paar Bonzen zum Frühgebet, ehe die aufgehende

Sonne den Osten rot färbt. Jahrelang war es hier den frommen Männern verboten gewesen, sich vor dem goldenen Bild Gautamas zu verneigen und die Räucherstäbchen anzuzünden. Auf der Höhe der Kulturrevolution hatte Chou Enlai sogar ein Bataillon der Volksbefreiungs-Armee zum Bao Guang-Tempel beordert, um die Zerstörung dieses historischen Heiligtums durch die Rotgardisten zu verhindern.

Seit 1972 ist der Tempel des »Heiligen Lichtes« wieder geöffnet und seit 1978 als Kultstätte freigegeben. Die Besuchermengen des nachmaoistischen Chinas drängen sich vor allem vor den Statuen der fünfhundert Luohan, die kaum zweihundert Jahre alt sind. Diese Galerie aus Gips und Kitsch stellt Fabelwesen, Heilige und Boddhisatvas dar, Gestalten, die in der Natur-Religion des Taoismus verwurzelt sind. Nur ein paar Greise verbeugen sich noch mit den Räucherstäbchen. Aus den Gesichtern der Jüngeren spricht Neugier und Spaß an diesen typisch chinesischen Verzerrungen.

Der ursprünglich aus Indien importierte Buddhismus ist keine Gefahr für das ideologische Fundament der kommunistischen Volksrepublik China. Das haben die Parallelfälle Vietnam, Laos und Kambodscha bewiesen. Zudem hatte sich im Reich der Mitte, ähnlich wie in Vietnam, der Mahajana-Buddhismus verbreitet. Diese Lehre des »großen Fahrzeuges« war schon zu Zeiten der mittelalterlichen Tang-Dynastie nach einer Periode großer Macht durch den hochoffiziellen Konfuzianismus zu einer Art Vulgär- und Volksreligion degradiert worden. Die bescheidene Wiedergeburt des Buddhismus im Tempel von Bao Guang gibt heute Zeugnis von der Vergänglichkeit aller fremden Heilslehren und aller ausländischen Ideologien im Reich der Mitte.

In dieser letzten Betrachtung, die wir der Religiosität, den toten Göttern, dem »siebten Siegel« in China widmen, kann das Christentum nicht unberücksichtigt bleiben. Papst Johannes Paul II. hat von Hongkong aus an jene fatalen Irrtümer erinnert, die Rom bei der Missionierung Chinas durch die Jesuiten im sogenannten Riten-Streit unterliefen. Später waren es vor allem die Predigten protestantischer Missionare in Südchina, die die abstruse und verheerende Taiping-Revolte des 19. Jahrhunderts auslösten, als im Namen eines verworrenen christlichen Synkretismus ein Staatswesen errichtet wurde, das bereits gewisse kommunistische Züge aufwies und in seinen Ausschreitungen manche Exzesse der »proletarischen Kulturrevolution« vorwegnahm. Die Frage stellt sich heute, ob nicht auch der Kommunismus, den das rote Reich der Mitte im Gewand des Maoismus mit erstaunlicher Gefügigkeit übernahm, auf die Dauer den Weg alles Chinesischen gehen wird, ob der Marxismus sich im Fernen Osten nicht schließlich als späte Verlängerung, als letzte Häresie des großen jüdisch-christlichen Erlösungs-Mythos des Westens enthüllt. Schon erweitert sich der Devotionalien-Handel. In einem Laden von Tschungking entdeckten wir neben dem Porträt des Karl Marx eine Darstellung der Madonna mit dem Jesuskind.

Die Glocken der römisch-katholischen St. Josephs-Kirche von Tschungking läuten zur Sonntagsmesse. Seit Dezember 1979 ist dieses Gotteshaus wieder für den Kult geöffnet. Die Eucharistie-Feier wird in China noch nach dem alten präkonziliaren Ritual auf Lateinisch vollzogen. Die kommunistischen Behörden hatten gleich nach ihrer Machtergreifung eine katholische Nationalkirche ins Leben gerufen, deren Priester sich von Rom lossagen mußten und deren wenige Bischöfe der päpstlichen Bestätigung entbehren. An diesem Sonntag in Tschungking hatten sich etwa einhundertfünfzig Gläubige in St. Joseph eingefunden, überwiegend Greise. Der Pfarrer selbst, Chen Chuzhong, ist achtzig Jahre alt und dem Bischof von Schanghai unterstellt. Vor 1949 bekannten sich drei Millionen Chinesen zum römischen Katholizismus, siebenhunderttausend zu den verschiedenen protestantischen Denominationen. Ähnlich wie im kommunistischen Vietnam leistete die verschworene und straff organisierte Gemeinschaft der Katholiken harten und hinhaltenden Widerstand gegen den atheistischen Materialismus. Aber das Durchschnittsalter der wenigen Priester liegt heute bei sechzig. In Szechuan gab es früher dreihunderttausend Katholiken, doch davon bleiben in Tschungking allenfalls dreitausend übrig. In der ganzen Volksrepublik gibt es keine Priesterausbildung, und erst in zwei Jahren soll ein kleines Seminar eröffnet werden. Die Pekinger Politik der neuen Toleranz ist auch in dieser verhärmten Gemeinde zu spüren. Aber der Konflikt mit dem Heiligen Stuhl, der weiterhin offizielle Beziehungen zu Taiwan pflegt, ist keineswegs behoben. Die diskreten Kontakte zwischen Vertretern der Volksrepublik und des Vatikans haben noch keine befriedigenden Resultate erbracht. Vielleicht wird die »Gesellschaft Jesu«, die über die längsten Erfahrungen mit dem Reich der Mitte verfügt, mit der ihr eigenen Geschmeidigkeit einen Weg des Ausgleichs finden. Als Kirche des Schweigens müssen sich diese Gläubigen weiterhin empfinden.

Aber selbst jene Priester, die sich als »prêtres assermentés« den

Separationsweisungen der Nationalkirche äußerlich beugten, sind oft unentwegte Bekenner geblieben, wie jener Geistliche, der uns irgendwo in China auf Lateinisch – damit der Dolmetscher ihn nicht verstand – erklärte: »Credo in unam sanctam catholicam et apostolicam ecclesiam«, und der ein Treuegelöbnis zum Papst und zu Rom ablegte.

Am Ende dieses Streiflichtes, dieses unvollständigen und sprunghaften Essays über einige aktuelle Aspekte der Volksrepublik China, wenden wir uns im Kapitel der toten Götter zwangsläufig wieder der Figur Mao Tsetungs zu. Wie lange wird sein unbändiger Versuch, einen neuen chinesischen Menschen zu schaffen, den abgenutzten Prägstock des Meisters Kong zu zerbrechen, noch nachwirken? Liegt seine gigantische Anstrengung nicht bereits in Scherben angesichts des revisionistischen Experiments der »vier Modernisierungen«? Um die Figur des »großen Steuermannes« zu umreißen, wollen wir einen Chinesen zu Wort kommen lassen, den Dichter, den Wissenschaftler, den Germanisten Guo Moro, der »Die Leiden des jungen Werthers« ins Chinesische übersetzt hat, der 1978 gestorben ist, der ein treuer, vielleicht ein zu treuer Gefolgsmann Mao Tsetungs gewesen ist. Aber Guo Moro hat mit seiner dichterischen Intuition das Phänomen Mao Tsetung, die Persönlichkeit dieses zugleich genialen und chaotischen Mannes, wohl besser erfaßt, als das je einem Abendländer gelänge.

»Ich bin ein Götzenanbeter«, heißt ein Gedicht Guo Moros aus dem Jahre 1920, aus einer Zeit also, als er Mao Tsetung noch gar nicht kannte. Dieses Poem, das die uralte chinesische Thematik vom pendelnden Kräftespiel zwischen »Yin« und »Yang« aufnimmt, scheint wie eine späte, posthume Hymne der Huldigung auf den gewalttätigen Menschenerzieher und Umstürzler Mao Tsetung, der seinen jungen Gefolgsleuten einmal befahl, die sakrosankte eigene Parteizentrale zu bombardieren. Eine Hymne an Mao, der Bilderstürmer und Idol zugleich war.

»Ich bin ein Götzenanbeter«, beginnt das Gedicht Guo Moros, »Ich bete die Sonne an, die Berggipfel und das Meer; ich verehre das Wasser, das Feuer, die Vulkane, die Ströme; Ich bete das Leben an, den Tod, das Licht und die Finsternis; Ich verehre die Große Mauer und die Pyramiden, den Suez- und den Panama-Kanal«, – heute würde der Dichter wohl Kernspaltung und Raumschiffahrt hinzufügen – »Ich bete den schöpferischen Geist an«, so fährt Guo Moro fort, »die Kraft, das Blut und das Herz; ich verehre Bomben, Trauer und Zerstörung, ich verehre die Bilderstürmer; Ich bete mich selbst an, denn ein Bilderstürmer bin ich ja auch.«

Im Interesse der Verständlichkeit wurde bei der Namensschreibung darauf verzichtet, die moderne Transkription mit aller Konsequenz anzuwenden. Besonders geläufige Namen wie Mao Tsetung (neue Version: Mao Zedong), Tschiang Kaischek (Jiang Jieshi), Szechuan (Sichuan), Hongkong (Xianggang) u. a. sind in der herkömmlichen Gestalt beibehalten worden.

»DIE GUTE ERDE«

Bilder von der Landwirtschaft in Szechuan

Reisfelder als Schachbrett: Auf jede Parzelle kommt es an.

Szenen aus der Landwirtschaft in Szechuan:
Eigeninitiative wird wieder gefördert.

»Die gute Erde«.

Für die Gewißheit des gefüllten Reisnapfes.

In Chengdu: ein »Schnell-Imbiß«.

Teehaus in Chengdu.

Hängebrücke über den Min Jiang

Jede Mahlzeit ist wichtig –
auch wenn sie im Stehen eingenommen werden muß.

Privatparzelle, eine Art Schrebergarten.

Dorfstraße in Szechuan.

Der lebenspendende Schlamm.

Kollektivdisziplin als Gesetz des Überlebens.

Der Mensch als Zugtier.

Bescheidene Ansätze privater Reparaturwerkstätten.

Wohnen auf engstem Raum in einer dörflichen Kommune.

Alltag der Kommunebauern.

DIE »ZWEITE MODERNISIERUNG«
Aus Chinas mühseligem Industrialisierungsprozeß

Alte Werkstätten sind noch immer die Basis:
eine Kalkbrennerei in Tschungking.

Am Zusammenfluß von Yangtsekiang und Jialing: Tschungking.

Im Industriezentrum Tschungking.

Eine Urveranlagung der Chinesen: Versenkung ins Spiel.

Vorarbeiter.

Arbeiterviertel von Tschungking.

Mittagspause einer Arbeiterin.

Der Schuster himmlischer Sohlen.

Eine Maschinenhalle.

Präzisionsarbeit in einer Uhrenfabrik.

Selbstbewußte Vorhut der Arbeiterschaft: Bergmann nach der Schicht.

Kohlebergbau bei Tschungking. Einfahrt in den Stollen unter dem roten Stern.

Brückenbau wie zur Zeit der Großen Mauer.
Kuliarbeit im sozialistischen Staat.

Die Industrialisierung Tschungkings geht auf den chinesisch-japanischen Krieg zurück, als Tschiang Kaischek in den dreißiger Jahren hier die Hauptstadt Nationalchinas etablierte.

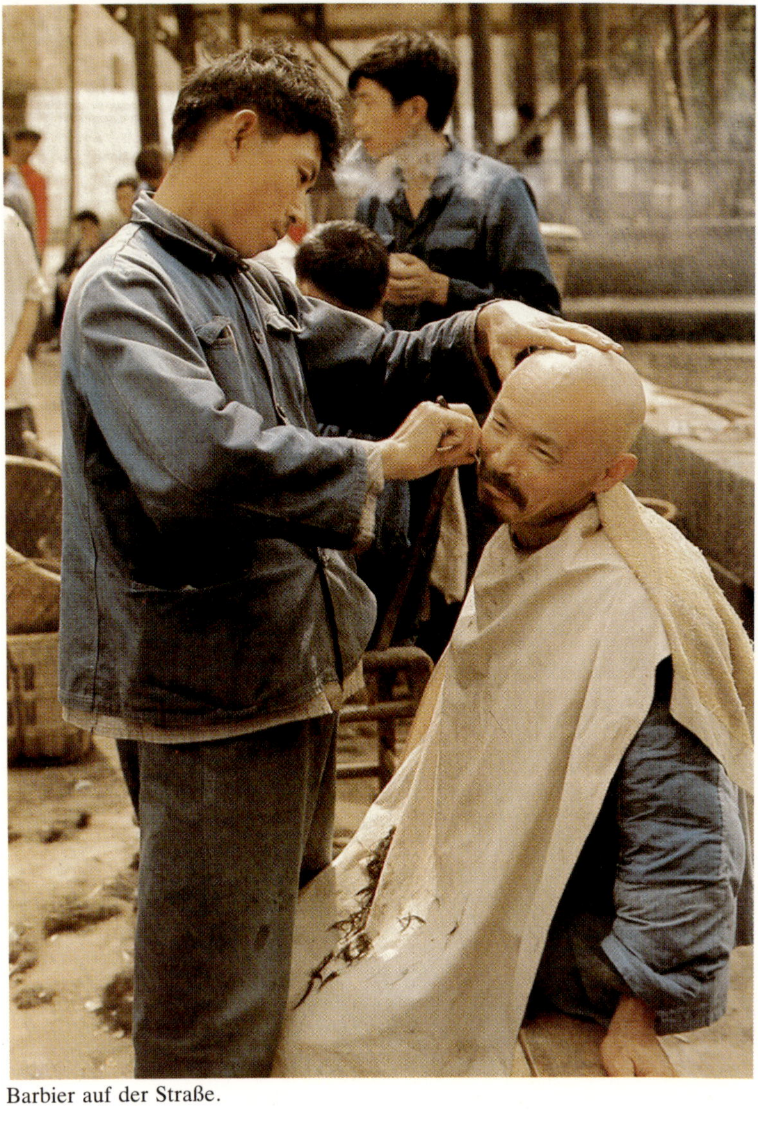

Barbier auf der Straße.

Das Fahrrad als unentbehrliches Transportmittel.

Die Spielzeugindustrie spielt eine ganz besondere Rolle.

DER ZÖGERNDE UMBRUCH
Ansätze einer Demokratisierung nach Mao

Wandzeitungen in Peking auf dem Höhepunkt der Liberalisierung.

还是
鬼？

Die Masse, in deren Namen regiert wird.

Der nationale Volkskongreß ist als ein großes Schauspiel angelegt.

Das revolutionäre Vorbild, das demontiert wird.

Reklame statt Propagandaparolen.

Der Prophet aus Trier in Szechuan.

Zukunft und Gegenwart.

Der Leninismus in der Probe.

Weist Mao noch den Weg?

Gerichtsszene für Diebe von Seidenblusen.

Das Modellgefängnis: ein Sonnenstrahl für die Gefangenen.

Die Peking-Oper triumphiert über das revolutionäre Ballett.

Klassische Bühnenszene aus Szechuan ...

... Das »rote Frauenbataillon« ist abgetreten.

Charly Chaplin als Kassenmagnet.

Besuch von Mondmenschen – Mannequins von Pierre Cardin.

Schauspielerin eines Straßentheaters.

Der Märchenreigen der Lotusblütenfee . . .

. . . und der unerschwingliche Traum von westlicher Eleganz.

Jenseits aller Ideologie: die Akrobaten.

Kitsch und süße Operetten-Musik – der neue Stil.

MEHR WISSEN, WENIGER IDEOLOGIE
Neue Wege der Ausbildung in China

Der Kindergarten Nr. 5 von Chengdu.

Tibetanischer Mummenschanz im Kindergarten.

An Glaskugeln wird das Essen mit Stäbchen geübt.

Das Katzenmädchen.

Die Sonnenbrille als Statussymbol.

Ein verspäteter kleiner Rotgardist.

Die wiedergefundene Autorität der Professoren.

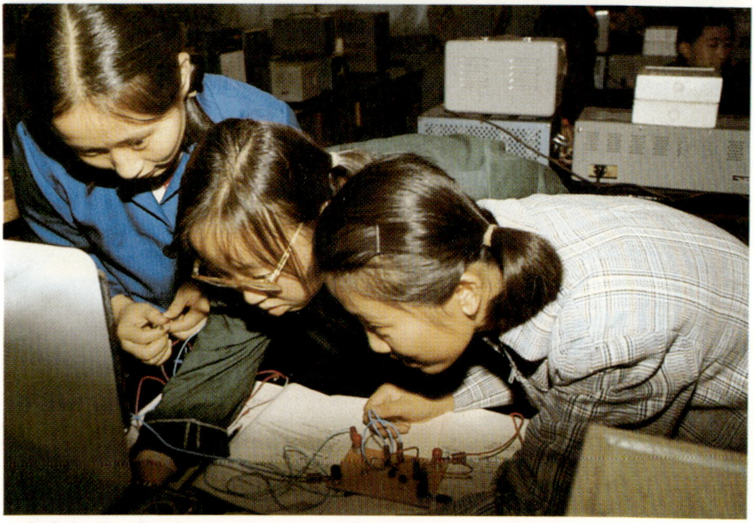

Arbeit in den Seminarwerkstätten: Wissenschaft zu hohen Kosten.

Die faszinierende Welt der chinesischen Comic strips.

Leibesübungen vor einem erstarrten Mao.

Kindertransporte . . .

. . . das Einzelkind wird aufgewertet.

Rückkehr zum strengen Magistralkurs.

Verdurstete Oase in Sinkiang am Rande der Taklamakan-Wüste.

Der Imam der Freitags-Moschee von Urumtschi, Abdullah Hadschi, ein zweifacher Mekka-Pilger.

Orientalischer Basar in Turfan.

Uiguren-Kinder in Turfan.

Kasaken vor ihren Jurten im Tian Shan-Gebirge.

Alte Bäuerin an der Feuerstelle.

Die Volkskommune . . .

. . . im Tal der weißen Schafe.

Ein Minarett am Rande von Turfan.

Verlassenes buddhistisches Felsenkloster aus der Zeit der Tang-Dynastie.

Die Suleiman-Moschee am Rande von Turfan wirkt fast marokkanisch.

Schweiz in Chinesisch-Turkistan: der Himmelssee.

Das Nomadenvolk der Kasaken ist den Mongolen rassisch verwandt ...

... und erinnert in manchem an Indianer.

Teppichhandel in Turfan – fast wie in Samarkand.

Uigurischer Schulunterricht in lateinischer Schrift.

Erinnerung an Anatolien oder den Kaukasus: eine uigurische Tanzgruppe.

Alter chinesischer Moslem in Turfan.

Blick auf die Senke von Turfan, 140 Meter unter dem Meeresspiegel.

Yaks vor dem Pflug.

Der Potala-Palast erinnert an eine Gralsburg.

Betende Tibetanerinnen vor einem lamaistischen Heiligtum.

Blick über die goldenen Dächer des Dschokhang-Tempels.

Alter Lama beim Lesen seiner Sutren.

Ein kleiner Anachronismus: Tibeter mit Mao-Plakette.

Die Dämonenwelt des tibetanischen Buddhismus
beherrscht weiterhin den Alltag.

Trotz äußerster Armut Freude an barbarischem Schmuck.

Alte tibetanische Bäuerin.

Auf dem Weg zur Feldarbeit.

Devotionalienhandel: Marx und Madonna.

FU WU XIANG MU
服务项目
产品宣传广告

Der Pfarrer Chen Chuzhong der St. Josephs-Pfarrei in Tschungking.

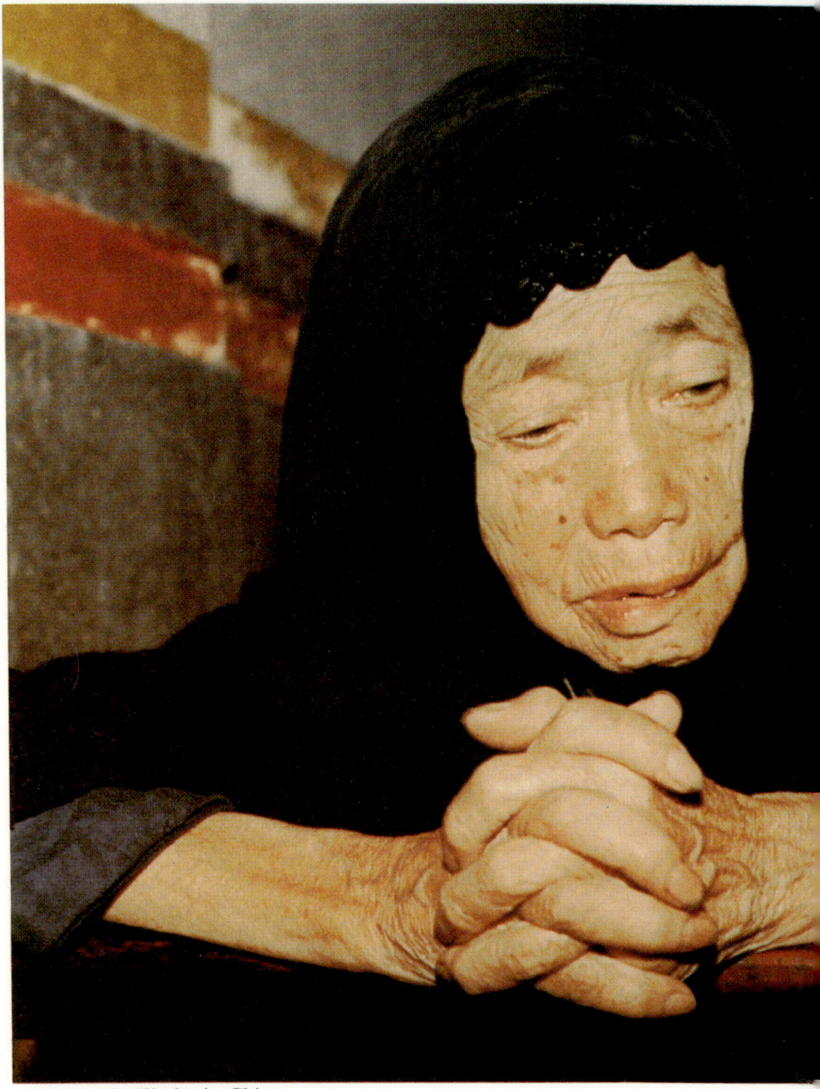

Schweigende Kirche in China.

Eingang zum Ahnentempel des Dammbauers.

Buddhistischer Mönch im Tempel des »Heiligen Lichts« in Szechuan.

Mao Tsetung – Idol und Bilderstürmer.

Die Alten gehen den buddhistischen Riten noch nach.

Die bizarren Heiligen des Bao Guang-Tempels werden restauriert.

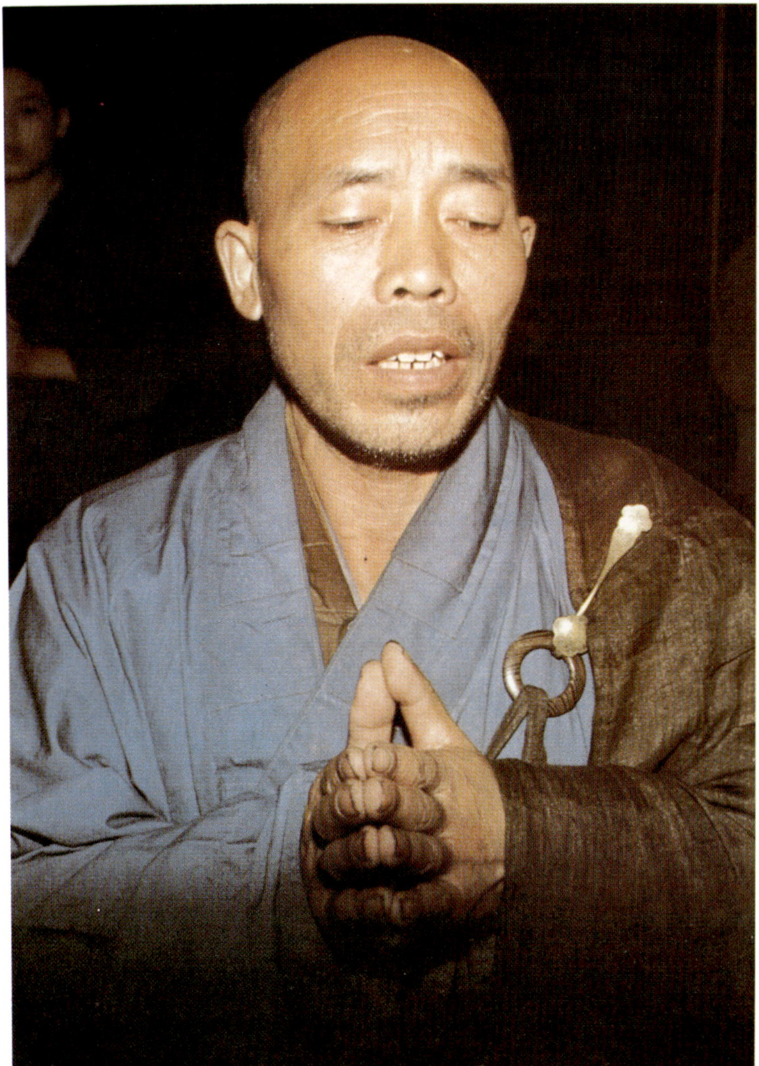

Meditation im roten Reich.

Ratlosigkeit vor den Parolen von gestern.